LA PAZ. — ÉGLISE SAN FRANCISCO

L'AVENIR DE LA BOLIVIE

I

La petite république sud-américaine de Bolivie doit son nom au grand libérateur (*El Libertador*) Simon Bolivar. Dépouillée en 1877 par l'Argentine et le Paraguay de son territoire au nord du Rio Verde ainsi que du Grand-Chaco, en 1879-80 par le Chili de son littoral du Pacifique, en 1884, par le traité de Valparaiso, des villes d'Antofogosta, Caracoles, Mejillones, Cobija, elle n'a plus aujourd'hui qu'une population d'un peu plus de 2,000,000 d'habitants sans compter les Indiens sauvages et une superficie de 1,334,000 kilomètres carrés. Privée de communications directes avec l'extérieur, elle est bloquée par le Pérou, le Chili, le Brésil, l'Argentine, puissances limitrophes qui lui font payer le droit de passage en la maintenant dans une dépendance constituant pour elle un péril permanent. Elle ne peut, dans ces conditions, compter sur une existence autonome parmi ses voisins qu'en restant à la merci des menaces et des événements.

Or, la richesse de son sol prodigieusement fertile, abondant en mines d'or, d'argent, de cuivre, couvert de forêts; la salubrité de son climat, en certains endroits et surtout sur le versant oriental, agréable et tempéré; sa remarquable situation au point de vue hydrographique, font de cette enclave un bien de mineur que les voisins voudraient se partager par lotissement, si l'un d'eux n'est pas assez habile ou assez fort pour s'en emparer à son profit exclusif. La prise serait d'autant plus belle que le budget de la Bolivie se solde presque en équilibre avec un très faible déficit (7,190,973 de recettes, 7,414,652 de dépenses), que les dettes boliviennes extérieure et intérieure réunies ne s'élèvent pas à 20 millions de francs, que le mouvement d'exportation et d'importation est favorisé par le développement du réseau ferré et de l'organisation postale et télégraphique, par une tendance générale à s'orienter sur les progrès des grandes nations. Si le pays n'était pas grevé par les lourdes indemnités de guerre qui feront pendant longtemps encore peser le passé sur l'avenir, et si, quoique constitutionnellement en république unitaire, il n'était pas, comme tout le Sud-Amérique, exposé à de fréquentes éruptions politiques déterminées par les fermentations des partis, ce serait, à tous égards, l'un des coins les plus enviables du Nouveau-Monde. Malheureusement ses destinées sont incertaines, et l'on peut prévoir qu'il sera tôt ou tard effacé, comme État indépendant, de la carte américaine.

Ses vicissitudes ont toujours été grandes. Avant le débarquement des Espagnols au XVIe siècle, il formait, dans sa partie occidentale, une des divisions de l'ancien royaume des Incas. Les conquérants européens y arrivèrent en 1538 et, après une résistance énergique des indigènes, se rendirent maîtres des principales positions sur les hauteurs. Leur victoire fut décisive; le territoire conquis ne tarda pas à être annexé par la vice-royauté du Pérou; plus tard il fit partie de la vice-royauté de la Plata ou Buenos-Ayres. Vers la fin du dix-huitième siècle eut lieu une terrible mais stérile révolte des Indiens; l'ordre se rétablit ensuite mais, en 1809, après l'explosion de la grande révolution, il y eut à La Paz une junte révolutionnaire.

La journée de Tamasla, le 1er avril 1825, mit fin à la domination espagnole. Puis une assemblée populaire tenue à Chuquisaca (aujourd'hui Sucre) en juillet 1825 proclama, le 6 août, l'indépendance du pays. Les quatre provinces Charcas ou Potosi, La Paz, Cochabamba, Santa-Cruz, formèrent une république représentative sous la protection de Bolivar, d'où le nom de Bolivie. Le 25 août 1826 un congrès adopta la Constitution élaborée par le libérateur « Code bolivien ». On procéda ensuite aux élections présidentielles, et les suffrages se portèrent en majorité sur le général colombien Sucre, qui s'était acquis de très grands mérites par son attitude et sa conduite dans la guerre d'indépendance sud-américaine. Sucre fut nommé président à vie, mais n'accepta le pouvoir que pour deux ans.

Les Boliviens s'aperçurent bientôt que leur Constitution n'était démocratique qu'en apparence. Le peuple réclama des réformes auxquelles les gouvernants ne voulurent pas souscrire. Il y eut des insurrections à La Paz en 1827. L'année suivante, au mois d'avril, le général Sucre dut se retirer avec ses troupes colombiennes. Le 3 août de la même année, un nouveau congrès s'assembla et vota d'importantes réformes constitutionnelles. Le maréchal Santa-Cruz fut appelé à la présidence, qu'il n'accepta point. Dans l'intervalle, un pronunciamiento avait donné gain de cause à Velasco, qui s'était emparé du pouvoir. En décembre, le Congrès le destitua et nomma à sa place le général Blanco, qui fut assassiné la veille du 1er janvier 1829. Un gouvernement provisoire lui succéda et confia de nouveau la présidence à Santa-Cruz, qui consentit cette fois à prendre la direction de la république et la pacifia. Il promulgua en 1831 le nouveau Code (Codigo Santa-Cruz), mit de l'ordre dans les finances, fit un traité de paix et de commerce avec le Pérou, favorisa le développement de l'agriculture, de l'industrie et des sciences, accorda des privilèges aux émigrants et se rallia de nombreux partisans qu'il récompensa par la création d'un ordre de la Légion d'honneur.

II

La Bolivie jouit pendant quelques années d'une tranquillité qu'elle n'avait pas connue jusqu'alors, et elle aurait pu compter sur une ère de prospérité si Santa-Cruz, en vue de réaliser un projet de confédération entre la Bolivie et le Pérou, n'avait disputé par les armes le pouvoir présidentiel dans cette dernière république, espérant ainsi mettre fin aux compétitions des candidats et des partis.

Une rencontre eut lieu à Cuzco, le 8 août 1835. Elle fut favorable aux Boliviens, qui défirent le général péruvien Gamarra. Au printemps de 1836 la conquête fut achevée par la Bolivie, et Santa-Cruz proclamé pacificateur des deux républiques. Il forma une triplice entre la Colombie, la Bolivie et le Pérou, et donna aux trois Etats une Constitution qui, en respectant l'autonomie de chacun d'eux pour les affaires intérieures, leur créait un gouvernement central pour les relations extérieures. Afin d'assurer à son œuvre toute la solidité nécessaire et de cimenter l'étroite alliance entre Colombiens, Boliviens et Péruviens, il se réserva le droit de rester au pouvoir avec la qualité de protecteur pendant dix ans.

Santa-Cruz ne tarda pas à se heurter aux jalousies des États voisins et surtout du Chili. Dès 1836, il y eut des hostilités qui se renouvelèrent en 1837 et 1838. Le 20 janvier 1839, Santa-Cruz essuya une défaite sanglante à Jungay, et le général Gamarra, allié des Chiliens, fut élu président du Pérou.

En même temps le général Velasco se mit à la tête d'une révolution en Bolivie, et fut nommé le 16 juin 1839 président provisoire par le Congrès de Chuquisaca. Sa nomination ne tarda pas à être confirmée, et son premier acte fut de conclure la paix avec le Chili.

Santa-Cruz s'était embarqué pour Guayaquil dans la république de l'Equateur. De là, il dirigeait les opérations de son parti en Bolivie. Sa cause triompha; un décret du Congrès reconnut que son administration avait été irréprochable, et on songea à le rappeler. La défaite du président Velasco à Cochabamba par les partisans de Santa-Cruz favorisa le retour de l'ancien président, mais avant son arrivée un nouveau compétiteur se présenta. Ce fut le général Ballivian. Les Boliviens, croyant que Santa-Cruz hésitait à revenir à La Paz, se rangèrent définitivement autour de Ballivian, qui fut nommé président à l'unanimité. Au milieu de ces dissensions, le général Gamarra, pour en profiter, franchit la frontière, entra en Bolivie, mit le siège devant La Paz et campa à deux lieues de la ville, à Viacha. Le 18 novembre 1841, Ballivian l'attaqua avec 5,200 Péruviens et 3,800 Boliviens. Gamarra périt dans ce combat. Il pénétra dans le Pérou, et ce ne fut qu'après l'intervention du Chili qu'il signa la paix de Pasco et évacua le territoire péruvien, qui reprit son indépendance.

La république bolivienne traversa ensuite des périodes tourmentées qui lui furent successivement fatales. Tour à tour aux prises avec le Pérou, le Chili, l'Argentine, elle subit une série de désastres qui la réduisirent à des conditions politiques et économiques si défavorables qu'après avoir perdu tous ses moyens de développement, elle n'exista plus que par la rivalité de ses voisins.

III

De 1848 à 1852, le Chili, grâce à la découverte des mines d'or de la Californie, avait vu de nombreux navires d'Europe relâcher dans ses ports et s'était enrichi. Ses progrès furent si rapides qu'il surpassa en prospérité toutes les autres républiques sud-américaines. Un événement inattendu vint suspendre cet essor. Le chemin de fer de Panama ruina le commerce maritime des Chiliens, les armateurs renonçant à expédier leurs cargaisons par la voie, beaucoup plus longue et plus difficile, du détroit de Magellan. Le Chili eut alors l'idée de se créer une route par le désert d'Atacama, qui appartenait nominalement à la Bolivie. Les dépôts de guano découverts dans cette région sur la partie de la côte qui s'étend du port de Coquimbo au cap Mejillones pouvaient devenir une source abondante de profits. Le Chili prétendit s'en rendre maître. La Bolivie protesta en invoquant son droit de propriété. Le conflit dura jusqu'en 1866 et un traité intervint entre les deux voisins. Il fut convenu que les produits de l'Atacama, surtout ceux des mines, seraient partagés par moitié entre la Bolivie et le Chili. Ce dernier, malgré ces engagements, voulut faire main basse sur des mines d'argent et de nitre, découvertes en 1871, et, pour appuyer ses revendications d'une série de faits précis, il fonda dans le désert d'Atacama les villes de Caracoles et d'Antofogosta. D'où de nouvelles querelles qui se prolongèrent pendant environ quatre ans. Le traité de 1874 remit la Bolivie en possession de son territoire, mais les Chiliens continuèrent à y envoyer leurs ouvriers, et plus de 20,000 de ceux-ci s'étaient établis à Antofogosta. Sur ces entrefaites le Pérou, forcé de battre monnaie, avait frappé de droits élevés l'exportation de ses salpêtres. Les Chiliens d'Antofogosta purent ainsi faire concurrence aux Boliviens. Alors le Pérou chercha, par des promesses captieuses, à attirer les Boliviens de son côté. La Bolivie accueillit favorablement ces propositions et, pour susciter des entraves au marché chilien, viola le traité d'amitié de 1874, éleva les droits sur l'exportation du salpêtre d'Antofogosta et prit une attitude menaçante à l'égard du Chili. Sur ces entrefaites une révolution militaire, succédant à tant d'autres, avait éclaté à La Paz, et le général Hilarion Daza, usurpateur du pouvoir avait fait son entrée triomphale dans la capitale de la Bolivie (1).

(1) Citons ici un passage curieux du remarquable volume de M. le comte d'Ursel qui fut un des témoins oculaires de l'entrée du général Daza dans la Paz (*Comte Charles d'Ursel. Sud-Amérique*, Plon-Nourrit et Cie).

« Depuis le matin les rues sont encombrées d'une foule énorme où domine l'élément indien ; les naturels du pays, après avoir vendu leurs poules au marché, viennent saluer leur président; partout des guirlandes et des drapeaux sont suspendus aux fenêtres. En face du palais se trouve une fontaine qui a été désignée pour rehausser l'éclat de la fête. Ce monument est surmonté d'une statue représentant Neptune, sortant des eaux, le trident à la main, un pied posé sur un dauphin. L'édilité n'a rien trouvé de mieux que de passer à ce Neptune une chemise de gaze, d'orner son trident d'un drapeau tricolore et de lui poser sur la tête une perruque de coton, en inscrivant à ses pieds: *Libertad*.

« Jamais déroute n'a donné idée de ce que fut le défilé des bandes précédant

Le 18 décembre 1878, les Chiliens introduisirent des réclamations à La Paz. Les Boliviens ne voulurent entendre parler d'aucun compromis. C'était obliger le Chili à leur déclarer la guerre. Des hostilités s'ouvrirent dès le commencement de 1879 entre le Chili et le Pérou, qui essuya des échecs successifs. La Bolivie, en présence de ces revers, crut pendant quelque temps pouvoir assister à la lutte en spectateur immobile; mais elle subit forcément le contre-coup des malheurs du Pérou, et lorsque

l'armée dite régulière; des Indiens traînant des animaux chargés de bagages, de fusils cassés, d'ustensiles de cuisine, de victuailles, puis tout un régiment de femmes pliant sous le poids des bissacs gonflés d'armes, d'enfants au maillot ou de provisions. Ces femmes sont des *rabonas*, admirable institution qui tirerait d'embarras plus d'une intendance européenne. Voici pourquoi : en Bolivie, l'équipement de soldat en campagne comprend non seulement le fourniment militaire, mais encore une femme qui l'accompagne partout, fait ses provisions, prépare son repas, porte ses bagages et veille, en un mot, entièrement à sa subsistance. L'intendance, si toutefois il y en a une, n'a plus qu'à se croiser les bras.

Après le défilé féminin, arrive celui des troupes ayant à leur tête le président Daza. Monté sur un magnifique cheval, vêtu d'un uniforme étincelant, il s'avance au milieu d'un brillant état-major de généraux et de colonels. Son grand panache rouge, jaune et vert, flotte au vent, et, la tête haute, l'air radieux, il fait lentement le tour de la place. Il est du reste assez bel homme et semble ne pas l'ignorer. Des jeunes filles lui apportent des couronnes de fleurs qu'il passe à son bras, et de temps à autre il s'arrête, souriant, sous un balcon d'où tombe aussitôt une pluie de feuilles de roses dont il se laisse complaisamment saupoudrer. A côté de lui marchent deux Indiens tenant en main un singulier étendard composé de petits carrés d'étoffe de différentes couleurs; ces hommes portent un chapeau tout couvert de plumes aux couleurs voyantes, et ont les épaules couvertes d'une sorte de surplis. A chaque instant il s'arrêtent et agitent gravement leur fanion. C'est, me dit-on, le signe de ralliement des Indiens, qui indiquent ainsi la soumission de toutes les tribus boliviennes au nouveau gouvernement.

L'armée vient ensuite, composée d'un millier de fantassins d'une tenue excellente, et de deux ou trois cents cavaliers. La bonne mine de ces soldats est surprenante, à la vérité, car ils viennent de faire plus de trois cents lieues. En effet, don Hilarion Daza, s'étant, au mois de mars, emparé du pouvoir après avoir mis à la porte le président légitime don Thomaso Frias, s'est depuis ce temps, conduit en dictateur triomphant : l'État, c'est lui; il n'y a plus de Chambres, plus de ministres, plus d'électeurs. Après son coup d'État, il est parti pour faire reconnaître son pouvoir, aussi nouveau qu'irrégulier, dans toutes les villes principales de la république, passant à *Oruro*, à *Cochabamba*, à *Sucre*, à *Potosi*; seulement, comme en son absence il pouvait craindre un soulèvement militaire, il a emmené l'armée dans cette longue tournée qu'il termine en rentrant à la Paz d'où il était venu.

Tout cela paraît s'accommoder peu avec le programme d'une république démocratique, mais c'est bien là le dernier souci du héros du jour : entouré d'une garde prétorienne, à la cuirasse et au casque étincelants, il semble défier la *Liberté* en chemise, qui, du haut de sa fontaine, préside à son triomphe.

Au fait, les Boliviens ont l'air de trouver ce régime charmant; il en sera ainsi jusqu'à la prochaine révolution, d'où naîtra quelque engouement du même genre. En attendant, le « Maître » a décidé que pendant sept jours, la Paz fêterait son joyeux avènement : nous commençons donc toute une série de réjouissances auxquelles l'armée est conviée en première ligne. A cet effet, le régiment qui compose la cavalerie bolivienne vient prendre ses quartiers dans la ville : les escadrons se rangent en bataille sur la place; mais, comme il n'y a point d'écuries, les hussards mettent pied à terre, enlèvent la selle, la chargent sur leur propre tête, précédés de « leurs femmes de campagne » vont habiter chacun chez soi ou dans la caserne, tandis que les chevaux, rendus soudain à la liberté, prennent sous la direction d'un seul cavalier, leur galop vers la plaine, où ils resteront livrés à eux-mêmes jusqu'à une nouvelle expédition.

les Péruviens, lassés de l'incurie et de l'incapacité de leur président Prado, le renversèrent pour donner la dictature à Pierola, une révolution de même nature éclata à La Paz. Le président de la Bolivie, Hilarion Daza, fut remplacé par le général Narciso Campero.

Les Chiliens ne s'arrêtèrent point dans leurs victoires. De succès en succès ils arrivèrent jusqu'à Lima, où ils entrèrent, forçant Pierola à prendre la fuite et à se réfugier dans l'intérieur. Le dictateur résista encore quelques mois, et après de vains efforts abdiqua, le 28 novembre 1882. Montero lui succéda à Arequipa, mais le général Iglesias tint encore campagne dans le nord. Après de nombreuses marches et contremarches signalées par des échecs et des revers, le gouvernement d'Iglesias, soutenu par les puissances étrangères, fut reconnu par les Chiliens, qui lui livrèrent Lima et Le Callao (20 octobre 1883); mais ce n'était qu'une concession apparente. Le général Cacérès pénétra par stratagème dans Lima le 1er décembre. Une bataille acharnée ensanglanta durant trois jours les rues de la ville. Iglesias dut enfin abandonner la présidence et le pays.

Nous ne raconterons pas ici les faits plus récents qui sont dans toutes les mémoires. Bornons-nous à constater que la Bolivie, encore plus que le Pérou, paya les frais de cette guerre, où les personnages évincés reparurent tour à tour comme sur une scène de théâtre. Cacérès se voyait en dernier lieu contraint de fuir et Pierola reconquérait toute son autorité. La Bolivie, dépossédée de ses ports, ruinée par-là même dans son développement économique, raillée même par ceux qu'elle avait soutenus, se trouva finalement à la merci de ses voisins.

IV

Il est hors de doute qu'elle sera absorbée par l'un d'entre eux. A moins qu'elle ne rencontre son salut dans les événements qui obligeront les Sud-Américains, tôt ou tard, à sacrifier leurs ambitions séparatistes pour résister à l'ennemi commun, dont les appétits ne peuvent aller qu'en augmentant. Cet ennemi, on le connaît. Les Etats-Unis, qui ont pris goût aux aventures et aux querelles, se trouveront peut-être, au siècle prochain, dans la nécessité de faire des rêves napoléoniens. Il y a une tendance générale à transformer les grands continents du globe : Afrique, Asie, Amérique, — et l'Europe elle-même n'en sera pas exempte si les Charlemagne reparaissent, — il y a, disons-nous, une tendance bien marquée à ne faire flotter qu'un seul pavillon sur chacune de ces vastes étendues.

Napoléon Ier avait cru, un moment, devenir l'empereur de toute l'Europe. L'Angleterre aspire à s'emparer de toute l'Afrique; la Russie travaille à devenir maîtresse de toute l'Asie; quoi d'étonnant que les États-Unis aient, de leur côté, la grandiose conception d'une république américaine qui comprendrait tout le Nouveau-Monde! Évidemment, ces prodigieux remaniements sont encore du domaine de la chimère, mais, à voir les procédés actuels de la politique coloniale, ne peut-on pas dire que les chimères des diplomates et des politiciens sont moins boiteuses que les prières d'Homère, et que si leur pas est encore trop lent aux yeux de ceux qui les enfantent et les guident, elles ont déjà fait assez de chemin pour pouvoir nourrir l'ambition d'aller jusqu'au bout.

Charles SIMOND.

LA PAZ ET LES PICS DE L'ILLIMANI

PÉROU-BOLIVIE [1]

De Mollendo à La Paz.

I

DE MOLLENDO A PUNO

C'était, il y a seulement vingt ans, un travail ardu que d'atteindre le plateau bolivien. Aujourd'hui, cette région a bénéficié, comme les autres pays, du développement et de l'amélioration des moyens de transport. Actuellement, — en notre année 1899, — le voyageur qui veut pénétrer en Bolivie a le choix entre deux voies : le chemin de fer de Mollendo à Puno et celui d'Antofogasta à Oruro. Au moment où j'allais à la Paz, cette dernière ligne n'était pas entièrement construite. Elle ne fut ouverte qu'un peu après, en 1883.

(1) L'auteur de ce récit, M. Louis Bastide, vice-consul de France, a fait paraître la relation de son voyage dans la *Revue des Deux Mondes* (15 novembre 1892). En la reproduisant dans la *Bibliothèque des Voyages*, il l'a complétée par de nombreuses additions et un chapitre spécial sur la récente révolution de Bolivie.

— Naturellement, ce fut par le chemin de fer de Mollendo-Puno que j'entrepris mon excursion sur le continent américain.

Le 6 juin, à 8 heures du matin, je dis adieu au *Tafna*, le navire de notre compagnie maritime du Pacifique que j'ai pris au Havre e 27 mars précédent. Une embarcation me dépose sur le quai de planches de Mollendo, le port péruvien bien connu des navigateurs qui évoluent dans cette portion de l'océan Pacifique. Sans m'attarder à visiter ce petit embarcadère, qui a tout l'air d'être une réédition de ceux que j'ai passés en revue depuis le détroit de Magellan, je me rends à la gare, ou plutôt à ce qui fut la gare de Mollendo.

Il n'en reste que l'ossature, et même un peu moins : un grand squelette de fonte incomplet, des piliers et des traverses tordues reproduisant les linéaments de l'ancien édifice. Le sol circonscrit par ces ruines n'est pas en meilleur état. Au centre, dans une large excavation, des gravats, des pierres, des barres de fer brisées ou contournées, un amas de décombres dont l'origine remonte à douze ans. C'est là la gare de Mollendo.

On ne l'a pas retouchée depuis l'époque où elle fut bombardée par les Chiliens et réduite à sa condition présente.

A l'abri des trois ou quatre tringles figurant le toit primitif, on voit une banquette et un grillage. C'est de l'administration, car il y a derrière quelqu'un qui écrit, et on découvre un guichet : ce sont les bagages.

Le principal inconvénient d'une pareille installation disparaît aux yeux du nouveau venu lorsqu'il apprend que sur cette côte il ne pleut presque jamais.

Au moment où je me présente pour l'enregistrement, deux militaires, que complète pittoresquement l'adjonction de la grosse caisse du régiment, forment un petit tableau de genre.

Je peux les considérer à mon aise à la faveur de quelques difficultés qu'on leur oppose pour l'embarquement du vénérable meuble. Du reste, tout finit pour s'arranger. Et, *nonobstant*, la grosse caisse est admise aux bagages.

Le premier — l'inférieur — est fort mal vêtu et pieds nus. Le second est tout aussi mal accoutré et pieds nus également. Ce qui le distingue, c'est un képi à trois galons d'or. Et le prenant pour un officier d'un grade déjà élevé, je m'apitoie sur un dénuement dont le spectacle, en France, serait déjà intolérable présenté dans la personne d'un simple soldat. Comme je l'ai appris depuis, le mal n'était pas aussi considérable que je me le représentais. Au Pérou et dans les républiques avoisinantes, l'armée n'a plus la forte constitution qu'on observe au Chili, dont les soldats pourraient figurer, sans infériorité trop marquée, à côté des troupes européennes. Pour commencer, la tenue n'y est pas astreinte à des prescriptions aussi inflexibles, et on se donne un peu du galon suivant sa conception particulière du beau dans l'uniforme.

La curieuse brochure qu'on écrirait sur le recrutement, le fonc-

CABANE DE PLATRE DANS LE VAL D'ANIL-COCHA

tionnement, l'administration, les mœurs et les coutumes de certains corps militaires de l'Amérique du Sud !

— Oh ! les revues mensuelles du 4 sur la grande place de La Paz, où le colonel, qui touche tant par homme, mais doit justifier de son effectif, fait entrer tous les gars de bonne volonté qu'on a racolés la veille, enchantés d'aller parader une heure ou deux sous une défroque glorieuse, et de toucher quelques sous pour cette joie : « Présent Filiberto ! Présent Eduardo ! Présent Gregorio ! »

Ils sont tous présents! ils sont payés pour cela. — Et tant d'autres choses charmantes! — Mais l'espace nous manque.

A l'encontre de ce qu'on pourrait croire, les soldats du Pérou, de Bolivie, etc., sont loin d'être malheureux. Étant fort nombreux, ils touchent *effectivement* — car l'éclat de leur rôle ne les éblouit pas au point de les aveugler sur leurs intérêts — une solde représentant à peu près le salaire d'un ouvrier du pays. Quant aux officiers, payés sur le même pied que les nôtres, ils sont par le fait plus avantagés, l'existence, tout balancé, étant moins coûteuse pour eux.

Nous avons une très jolie locomotive, toute écussonnée, toute en couleur; une locomotive comme il conviendrait à une jeune princesse allant chercher son futur époux. Le dôme à vapeur est illustré d'une peinture représentant des Indiens à plumes ondoyantes, à grands manteaux : quelque scène de la conquête, évoquant le souvenir de Pizarre et de sa poignée d'aventuriers et des héros indigènes que Marmontel a si bien défigurés dans son médiocre livre des *Incas*. — Le train se compose d'un wagon de seconde classe et de deux wagons de marchandises. Notre voiture est très décorée intérieurement, très brillante. Elle contient trente ou trente-cinq voyageurs, assis deux par deux sur deux rangées longitudinales de fauteuils, séparés par une étroite allée médiane.

A dix heures et demie, un coup de sifflet, et, bientôt, nous sommes loin de Mollendo.

Mes compagnons constituent un fragment de la bonne société péruvienne auquel ne se mêlent que quelques étrangers, car les pèlerins à destination de la Bolivie ne commenceront guère qu'à Arequipa. L'impression qu'ils donnent à première vue est tout à l'avantage de leur nation, qui passe pour la plus policée de l'Amérique méridionale. Des dames, dont plusieurs portent avec beaucoup d'aisance nos dernières modes; plus élégantes qu'au Chili, moins assujetties à l'empire de la *mante*, qui exclut le chapeau et la coiffure. Des messieurs costumés comme sur le boulevard, que quelques-uns d'entre eux connaissent sans doute, puisque Paris est la Mecque des *hadji* hispano-américains assez fortunés pour aller puiser à la source des traditions de la fashion. — Seuls, quelques vastes chapeaux de feutre accentuant tout de suite le visage qu'ils ombragent, rappellent le nom de Bolivar qui affranchit ces contrées. Et des couvertures aux nuances particulières, des manteaux bariolés comme la robe de Joseph, qui, en excitant la jalousie de ses frères, lui joua un si mauvais tour, font souvenir que ce pays est la patrie des chameaux nains aux fourrures précieuses, des lamas, des alpacas, des vigognes, inconnus à notre continent.

La campagne file, file par les portières. Nous ne grimpons pas encore; nous volons sur la terre horizontale. Le sol est d'une aridité complète, sablonneux et, comme si ce n'était pas assez de ce gage d'infécondité, recouvert par grands espaces d'inflorescences salines. — Voici des villages indiens, des huttes de terre, des huttes de broussailles, aussi pauvres que les paillotes siamoises du Mé-Nam ou les maisons d'argile du Peï-ho dans la Chine du Nord. On pourrait les confondre, car les arts, dans les différents pays, ont à peu près le même point de départ. Ce n'est qu'après s'être raffinés qu'ils acquièrent une originalité et qu'on distingue, sitôt que l'œil peut les atteindre, un temple péruvien d'une pagode cambodgienne. — Voilà enfin des habitations toutes de fantaisie, dont le style s'est plié aux nécessités d'une situation précaire; plus simples encore que le monument créé par l'enroulement de feuilles d'acanthe autour d'une corbeille accidentellement coiffée d'une brique, qui donna à Callimaque l'idée de l'ordre corinthien : ce sont des espèces de tentes, mais bien moins confortables que la maison de toile des nomades organisés; des toits sans fermetures latérales, posés sur le sable; deux plans inclinés formés par des portes et des volets soustraits dans la démolition de quelque vraie maison d'un plus sérieux village avoisinant. On voit, inscrits dans ces triangles, des individus couchés ou tout au plus assis, entourés d'un mobilier conforme à la détresse de leur demeure.

Nous montons. Au loin apparaît la charmante campagne de Tambo. C'est, dans une échappée de vue à travers les puissantes montagnes, proches ou distantes, qui nous entourent, une étendue de champs verdoyants, plate et nettement découpée sur la vallée de sable, une oasis de plantations de canne à sucre et riz. Mais, à peine entrevu, ce tableau disparaît dans le festonnement de notre marche hélicoïde.

Nous montons. On ne voit pas bien où l'on va, la perspective devant soi étant presque tout le temps assez courte. Mais derrière, toujours très en bas, on découvre, de temps à autre, de larges tronçons de voie ferrée, des courbes métalliques luisantes, interrompues par quelque monticule et brusquement placées à des niveaux si écartés qu'elles ne semblent pas faire partie de la même ligne; parfois rejointes en un grand anneau penché. Plus d'orientation possible. La mer, visible par intermittences, est tantôt à droite, tantôt à gauche. Elle est très reculée, et, malgré la hauteur dont nous la dominons déjà, l'éloignement la place sur le même plan que nous. Elle apparaît sous la forme d'une ligne blanche agitée et puis d'une nappe qui se fond dans le bleu de l'air. C'est la mer du Pacifique, rageuse sur la côte, tranquille au large.

Nous montons. Le train s'élève en criant sur les rails. C'est une véritable escalade de la montagne. Il traverse à chaque instant de petites tranchées dont on pourrait effleurer les parois du bout des doigts, où la roche coupée brille de reflets métalliques. Le bruit strident des wagons qui peinent sur les rails, le vent qui souffle plus fort dans les coupures de la montagne, — comme un cours d'eau transformé en rapide par un étranglement des rives, — la solitude de cette montée sans fin, obstinée, qui a l'air de vouloir nous mener à des régions inconnues, au delà de la planète, produisent une impression qu'on ne peut ressentir qu'au cours d'un tel voyage.

UNE CHOLA (métisse bolivienne)

Lorsque la vue s'élargit, on admire quelque temps ces énormes montagnes parées d'un tapis très court aux reflets dorés dus à la surabondance de grosses marguerites jaunes. L'air est très transparent à cause de l'extrême sécheresse, le ciel radieux. Ce n'en est pas moins un tableau monotone dont le premier aspect seul captive. Il n'a pour lui que son brillant soleil et ses grandes lignes, sans un seul arbre, sans le moindre ruisseau. Plus nous irons, plus cette indigence s'affirmera, et la terre, n'ayant même plus la force de nourrir les marguerites jaunes, sera tout au plus recouverte d'un maigre gazon déteint, attaché comme une rouille aux flancs stériles de la Cordillère.

Le paysage ne prend de réelle beauté qu'à de rares intervalles, lorsqu'il s'étend très loin, quand ses contours extrêmes arrivent à être indécis, quand il finit par se perdre dans une teinte vaporeuse, quand la succession des plans lui donne la gradation des couleurs. Le sable qui baigne la base des montagnes gagne d'ondulation en ondulation les dernières assises du cirque, à peine visibles dans leur fond bleu, sur lesquelles flottent une ou deux cassures blanches, esquisses de sommets reculés et élevés, perceptibles grâce au miroitement des neiges. Et les stries régulières que la nappe docile a contractées sous la poussée du vent lui donnent le reflet d'une étoffe moirée.

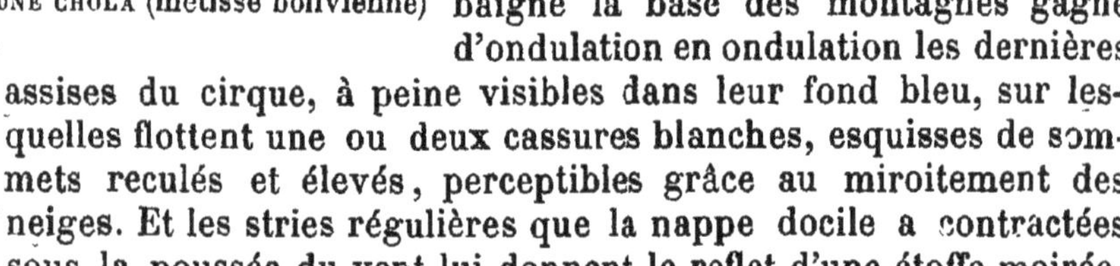

Depuis bientôt trois heures que nous roulons, j'ai, comme de juste, cherché à lier conversation avec mon voisin personnage dont l'humeur confirme la réputation de sociabilité des Péruviens. Ce *cabalero*, pour parler la langue du pays, se trouve être le général qui a défendu dans le temps la place de Pisagua contre les Chiliens, le général Recaaverren.

— J'appréhende, lui dis-je, le *soroche* (mal des montagnes). Des compatriotes à moi, qui ont exécuté le voyage que j'entreprends, ont souffert beaucoup, et constamment, de cette singulière affection. C'est une perspective peu agréable que celle de vivre comme le poisson hors de l'eau ou la souris sous la machine pneumatique;

TYPE PÉRUVIEN

mais certains tempéraments, dit-on, ne peuvent absolument pas s'accommoder du séjour en Bolivie, où je me rends. Ceci est inquiétant.

— On embellit toujours un peu, mais il est probable que les personnes dont vous parlez étaient atteintes d'une affection du cœur ou des voies respiratoires. Dans ces deux cas, le *soroche* est persistant et peut devenir dangereux. Sur cette ligne, quelques étrangers sont morts en arrivant à Puno. Mais ce sont là des accidents comme il s'en produit dans le va-et-vient de notre société périssable. Le fait même qu'on cite ces cas malheureux prouve leur rareté et doit rassurer la masse des voyageurs En somme, tout individu qui n'est pas asthmatique et a le cœur en bon état ne ressent que peu ou pas le *soroche*. Au pis aller, vous aurez une acclimatation d'une quinzaine de jours à La Paz.

— Pourquoi employez-vous l'expression de *marearse*, avoir le mal de mer, en parlant du *soroche*? Y a-t-il un rapport entre ces deux maladies ?

— Toutes deux déterminent une complète prostration, mais le *soroche* est caractérisé par de la migraine, de l'oppression, et les cas graves, de l'hémorrhagie. Les femmes le ressentent plus vivement que les hommes, absolument comme le mal de mer, et j'imagine que ce sont elles qui, sur une apparence d'analogie, ont introduit par image leur confusion dans le langage.

— Jusqu'à présent je n'ai rien.

— Je le crois bien! Nous sommes à peine à un kilomètre en hauteur. Ce n'est qu'à partir d'Arequipa, où nous arriverons ce soir et d'où vous sortirez demain matin, que le *soroche* exerce son effet.

— Ce sera donc pour demain!

Nous avons recommencé de courir. Nous montons toujours, mais insensiblement maintenant. C'est la pampa de la Joya, et en voilà pour des heures! Pas un habitant sur ce plateau incultivable tout parsemé de dunes singulières en forme de croissants d'une courbe très régulière, la convexité opposée à la direction du vent, faites d'un joli sable gris tendre, délicatement ridé sur la pente allongée, en stries parrallèles, en demi-cercle, qui, de loin, a l'apparence lisse et translucide d'un bloc de verre. — Mais cela n'en finit plus! Voilà le soleil à son déclin, et nous courons toujours à travers le même site. Le Misti, l'ancien volcan au pied duquel s'élève Arequipa, est le but que nous poursuivons sans relâche; mais il ne se rapproche guère. Il n'est pourtant pas bien loin devant nous, semble-t-il, avec ses pentes régulières et son sommet tronqué de pyramide plutonienne, tout étincelant de neige. Sa hauteur est de 6,100 mètres; 1,290 mètres de plus que le Mont-Blanc.

La faune de l'endroit n'est représentée que par les chèvres au cou de girafe, les lamas et autres variétés de même genre. Ces bandes de jolis animaux nous regardent curieusement passer jusqu'au moment où, prenant pour une menace le coup de sifflet de la locomotive, on les voit détaler de toute la rapidité de leurs jambes fluettes.

La nuit est venue; on n'aperçoit plus rien de la route. Aux stations, seulement, les lanternes nous montrent deux ou trois habitations logées comme elles ont pu, des deux côtés de la voie, dans l'espace restreint ouvert par la tranchée, de manière encore à laisser passage au chemin de fer : elles abritent uniquement le personnel dépendant de la gare. A huit heures et demie, des lumières, du bruit, du mouvement et l'arrêt définitif : nous sommes à Arequipa.

Au point du jour, je retraverse la ville, dont je n'ai rien vu la veille, dans le tramway qui relie le chemin de fer à l'hôtel où j'ai passé la nuit. Les réverbères — de simples lampes à pétrole dans leurs cages de verre — luttent tristement contre les premières lueurs naturelles; la fraîcheur du matin qui, dans les pays les plus chauds, est sensible, vive même, bien que dissipée aussitôt que goûtée, est pénétrante sous ce climat. Les rues sont toutes en pierres, trottoirs de pierre, pavés faits de cailloux très serrés, comme fondus en un sol de pierre; si les promeneurs étaient levés, on entendrait sonner et grincer la pierre sous les talons et le fer des cannes. A pareille heure, nos rues sont depuis longtemps emplies de l'agitation des industries matinales; ici, nous n'avons croisé encore que quelques individus qui ne faisaient rien. Malgré ses rails, notre tramway n'avance sur les durs chemins qu'en frémissant de toutes ses vitres, et il serait aussi impossible d'échanger une phrase avec son voisin que de dialoguer dans le tintamarre d'une fusillade. Aux arrêts, on entend le murmure des ruisseaux coulant avec un bruit de petites rivières rapides le long d'ornières de pierres creusées de chaque côté de la voie.

Les églises sont déjà ouvertes, paraît-il : une longue nef pleine de femmes agenouillées, prosternées sur le petit tapis destiné à les préserver du contact des dalles et qu'à chaque séance elles apportent et remportent sur leur bras, entortillées dans leurs mantes noires, presque toutes entièrement vêtues de noir, car le deuil est ici la couleur de la dévotion. Un chœur illuminé de petites flammes brillant au-dessus des énormes cierges. Ce tableau a passé comme une vision dans le jour du matin indécis, tout imprégné encore du froid de la nuit.

Les maisons sont singulières, à un, rarement à deux étages, sans toit, arrêtées immédiatement au-dessus de la corniche par une terrasse, inachevées, dirait-on, ou bien mutilées comme les restes d'une ville antique. Il y a du vrai dans ces deux suppositions : Arequipa a beaucoup souffert de tremblements de terre, et d'autre part, sur ce sol dangereux, on construit le plus souvent des habitations dépourvues des accessoires capables de les alourdir.

On voit des façades peintes en bleu pâle, en violet, en rose. La vieille et pittoresque architecture espagnole, empêchée par le cadre de faire grand, conserve de l'originalité dans ses détails. On retrouve les massifs portails à marteaux ouvragés, garnis de clous énormes, disparus des villes françaises, et parfois, au-dessus d'un mur, s'étale un large blason sculpté, d'un dessin compliqué, au relief usé par le temps comme l'effigie d'une pièce qui a beaucoup couru. Des maisons qui ont chacune une physionomie, comme des individus.

Telles m'apparaissent les rues d'Arequipa à vol de tramway. Je

MEJILLONE DE BOLIVIE. CONSULAT ET STATIONNAIRE CHILIEN

les aurais regardées avec moins d'intérêt si elles n'avaient pas précédé pour moi la vue de celles de La Paz, ville de la même famille que celle-ci, mais plus montée en couleur, plus accentuée en personnalité, parce qu'elle est isolée au loin, que les tremblements de terre ne l'ont pas visitée, qu'on a peu eu l'occasion de la retoucher.

Le soleil est franchement levé, et son action s'est fait immédiatement sentir. Il fait très bon, un peu frais. C'est la température d'Arequipa, sans grande variation de l'hiver à l'été. La place est à 2,360 mètres d'altitude, et à cette hauteur la stabilité du climat est déjà établie.

La ville prend un commencement d'animation. Les Indiens font gravir le pavé à leurs ânes, et sur les portes se montrent les *cholas* avec leurs chapeaux panama et leurs énormes robes aux couleurs vives, orientales, africaines, jetées sur une couche de jupes superposées; crinolines de plomb aussi lourdes que celles ornées d'ar-

UN *Rozo* DANS LA VALLÉE DE CHOROBANIBA

genteries et de verroteries qui habillent les madones parées en idoles dans les églises du pays.

Les cholas (un cholo, une chola) sont des métisses de blancs et d'Indiens qui composent une bonne partie de la population féminine de la ville. En général, plus elles s'éloignent du sang indien, mieux elles sont.

Est chola celle qui en arbore les voyants atours. Le teint offre une telle échelle de nuances, un peu dans tous les rangs; il est si simple de dissimuler sous une épaisse couche de fard le bistre suspect du visage que, pour devenir dame, il suffit d'abdiquer le chapeau rond et la pesante robe évasée pour adopter la mante. On est alors dite *de traje*, de costume (civilisé). Et on rentre dans la bonne société.

Maintenant nous traversons la campagne d'Arequipa, verte et plate, mais avec un horizon de montagnes, dont le colossal Misti. Des arbres partout! Nous n'en reverrons pas d'ici à La Paz.

A sept heures moins le quart, la locomotive s'ébranle. C'est dans le wagon le même public que la veille, aux visages près, et encore en remarquai-je un ou deux de connaissance. Il y a probablement dans le nombre quelques voyageurs pour La Paz.

Le costume de chacun témoigne d'un luxe de précautions contre le froid : gants fourrés, épaisses couvertures fournies par les animaux de la région même, tout l'équipement de gens habitués pour la plupart à de chaudes latitudes, qui vont être exposés aux morsures de la température de zéro. On pourrait se croire dans le salon d'un navire faisant voile vers le pôle. Et nous sommes en pleine zone torride, pas plus éloignés de l'équateur que la brûlante Tombouctou!

Ainsi qu'au sortir de Mollendo, le train parcourt avec légèreté une campagne à peu près horizontale. Mais il se livre encore moins de temps que la veille à ce travail facile.

L'ascension recommence par des montagnes plus abruptes, où de profonds ravins bordent notre chemin en colimaçon. Le terrain est sablonneux ou pierreux, et on ne voit guère en fait de végétaux que d'épineuses plantes grasses subsistant de rien, des cactus en forme de candélabres ou de raquettes enfilées en chapelet. C'est l'eau qui manque désespérément à cette terre, l'eau vivifiante. Et à une ou deux reprises, on aperçoit une *quebrada* (littéralement, crevasse), c'est-à-dire un rudiment de vallée au fond de laquelle un lit de verdure descend et serpente entre les collines sèches, à la manière d'une rivière. Ce frais tapis reçoit la vie d'un filet d'eau qu'on ne voit même pas. Quelques Indiens adonnés à la culture de ces campagnes restreintes habitent dans des groupes de huttes aux murs de terre effondrés ou de pierres croulantes, toujours pareils à de ruines.

Le froid est vraiment piquant, mais le soleil brille de tout son éclat. Nous avons peut-être dépassé la région des nuages; ils sont en bas, maintenant. Nous sommes entre 3,000 et 3,500 mètres d'altitude, je ne sais au juste.

Une dame — c'est la première — est prise de *soroche*. Elle se laisse glisser sur son coussin, et, se couvrant le visage d'un coin de son manteau, avec le geste de César atteint par le premier coup de poignard des conjurés, elle s'abandonne au mal sans résistance.

Quo non ascendam? Nous montons sans merci, au cri saccadé des roues gravissant des rails posés sur des pentes de toit. Jusqu'où la locomotive hissera-t-elle ses wagons? Et si l'un d'eux se détachait, avec quelle curieuse vitesse d'aérolithe ne descendrait-il pas en quelques minutes le chemin parcouru!

Une heure s'est écoulée. Tout le camp féminin, à présent, souffre du mal des montagnes. Les enfants crient. Les hommes n'ont rien ou ont assez peu de chose pour n'en rien témoigner. Je me sens un léger cercle autour du front. Une goutte seulement de la coupe empoisonnée ingurgitée à flots par les plus malades. Une dame paraît souffrir beaucoup : « O mon Dieu! quel chemin de la croix! » s'écrie-t-elle.

Le train s'arrête à P. de Arieros, où un buffet est installé. En faisant abstraction de la gare, cet établissement compose à lui seul la ville de P. de Arieros. — Nous remontons en voiture.

Plus de *quebredas*, à peine trace de gazon. On aperçoit encore de temps à autre des troupeaux de vigognes ou de lamas qui sont toute l'animation de ces solitudes. — On voit des terrains qui semblent tout préparés pour l'étude des géologues; des stratifications justifiant par leur parfaite régularité la comparaison de « feuilles d'un livre racontant l'histoire de la terre », dont elle a été l'objet. Vers midi, nous contournons des hauteurs singulièrement rocailleuses. Un lit de torrent présente moins de pierres que les flancs de ces collines, et leurs crêtes sont couronnées d'une infinité de *pierres debout* d'un à deux mètres de haut, rappelant la montagne des *Mille et une Nuits* hérissée de blocs de granit qui provenaient de la métamorphose lapidaire des hommes assez imprudents pour avoir cédé à la tentation de regarder derrière eux, au cours de l'ascension.

A une heure, nous atteignons Vincocaya (4,365 mètres d'élévation). C'est une station de trois maisons en planches dont la plus grande s'intitule hôtel.

On remarque dans l'unique salle de l'hôtel un comptoir et des murs recouverts de toutes sortes d'enluminures et de pancartes. Le *Calendario de Arequipa*, édité sur une vaste feuille d'un méchant papier sans consistance, imprimé avec des caractères écrasés plein de bavures et de triangles blancs introduits dans le corps du texte par la présence d'un pli au moment de l'impression, enjolivé de vignettes pieuses, éveille par son aspect et sa rédaction l'antique souvenir de ces produits d'une littérature populaire qu'on voyait dans nos campagnes il y a une trentaine d'années, à l'époque où les chemins de fer n'avaient pas encore transformé des habitudes et des industries entretenues depuis des siècles.

Portraits de nos gloires nationales, ecclésiastiques, civiles et militaires, accompagnés de leur légende, qu'on collait aux murs; *Messager boiteux* cousu en livret, qu'on retrouvait pêle-mêle avec les bouchons et les couverts d'étain dans le tiroir d'armoire du fermier négligeant, ou soigneusement rangé dans le compartiment réservé aux instruments de couture de la ménagère. Documents gravement épelés par les vieux avec le secours des lunettes à gros verres ronds, sous la direction du doigt suivant les lignes et avec le contrôle de la lecture à mi-voix, l'oreille étant chargée de transmettre à l'entendement les découvertes que la vue réalisait dans l'étonnant grimoire; ânonnés par les gamins aux heures de désœuvrement et honorés de la foi de famille en tant que chose imprimée; enserrant dans un style naïf à la portée de ses lecteurs, conçu par un ancien paysan parvenu au grade de lettré, entre une histoire de brigands et une anecdote comique accessible à la lucidité du sphinx campagnard, des connaissances encyclopédiques et des notions sur des choses passées ou lointaines destinées à agrandir pour une minute l'horizon resserré du village avec son clocher pour centre et le champ à labourer pour limite.

DAME BOLIVIENNE

Tel, l'almanach d'Arequipa, après avoir donné aux lecteurs clairsemés de la pampa de Vincocaya la biographie des principaux saints et des plus notables généraux du pays, leur inculquai quelques éléments de géographie en leur présentant sous une forme quasi rimée ce résumé symbolique de l'esprit des principales nations :

La Rusia es un soldado,
Austria una fortaleza,
Alemania un filosofo,
Italia un piano,

Inglaterra un mercado,
Francia un teatro,
España un templo.

La température a ceci de particulier que le soleil est chaud, l'air restant froid, en sorte qu'on grelotte tout de suite à l'ombre. Il ne gèle pas, bien que peu s'en manque. Mais on pressent qu'aux premières approches de l'obscurité, l'eau va prendre immédiatement.

Notre wagon-infirmerie a enfin atteint, à la station de Crucero Alto, le maximum d'élévation : 4,460 mètres, en même temps que la souffrance des patients arrive à son point culminant. Nous ne mesurons que 350 mètres de moins que le Mont-Blanc. Désormais nous irons constamment en descendant, mais très faiblement, et les malades n'en éprouveront aucun soulagement. Le *soroche* est d'ailleurs très capricieux : un de mes compagnons, qui se rend en Bolivie, un compatriote précisément, qui en ce moment se porte aussi bien que moi, sera très souffrant après-demain, à Chililaya.

DAME DE LIMA

Vers quatre heures, la voie s'engage entre les *Lagunillas,* lesquelles sont au nombre de deux. L'étang de gauche, le plus vaste, a l'air d'un vrai lac. C'est une grande nappe, avec des étranglements, dont l'eau n'est ni verte ni bleue, mais grise ou noirâtre, couleur de plomb là où elle reçoit la lumière, comme morte dans son entourage de collines au gazon pelé, moins arides pourtant que les espaces que nous venons de traverser. La lagune de droite, moins étendue mais tout aussi désolée, porte le surnom expressif de lagune du *soroche* et, comme sa sœur, donne la migraine rien qu'à la contempler.

La nuit tombe au moment où la campagne reprend un peu de verdure. On aperçoit des champs cultivés, mais pas un arbre, pas même un arbrisseau.

A sept heures, nous atteignons Puno. Le chemin de fer aboutissant à l'embarcadère même du bateau à vapeur, je longe simplement pour monter à bord un mur assez insuffisamment éclairé par une ou deux lanternes, et c'est tout ce que je vois dans la ville.

Le lendemain, au jour, nous sommes en marche.

II

TRAVERSÉE DU LAC TITICACA

La navigation du lac Titicaca est desservie par deux petits vapeurs de fer, si petits qu'en laissant pendre sa canne du bout de la main appuyée sur le rebord du bateau, on trace un sillon dans l'eau. — Avec son modeste tonnage de 100, notre esquif est encore supérieur de 40 tonneaux à la plus petite des trois caravelles qui composaient la flotte de Christophe Colomb quand le grand homme partit à la découverte de l'Amérique.

Pour la courte installation de deux nuits et d'un jour, la question de confort est de peu d'importance, heureusement. Les dames sont assez convenablement logées, mais les messieurs — ce sexe en cas de conflit est sacrifié — n'ont que deux cabines à leur disposition. L'excédent couche sur les banquettes de la salle à manger.

Quand les passagers sont assez peu nombreux pour tenir sur un seul côté du dortoir improvisé, on leur fait obligamment remarquer qu'ils ont tout intérêt à se placer à gauche, exposition plus à l'abri de l'air froid qu'amène le couloir.

« Le lac Titicaca, dit le petit guide espagnol que j'ai en main, est le plus élevé au monde de ceux qui sont navigables. Il est à 523 kilomètres de la côte, à une hauteur de 12,550 pieds. Il a environ 190 kilomètres de long et 55 à 70 de large. Sa profondeur arrive à 1,000 pieds. »

C'est en effet une jolie profondeur. Mais en dépit des beaux pics neigeux, tels que Sorata, qui se montrent au fond du tableau, le lac est d'un morne aspect avec ses eaux sans transparence, ses rives désertes, sa ceinture de montagnes d'un vert débile, déteint en jaune, tout aussi rases que la lagune du *soroche*. Il semble porter le deuil désespéré du florissant empire si bien anéanti par les *conquistadores* qu'en dehors de l'Amérique l'histoire ne cite pas un second exemple d'une destruction aussi parfaite.

La côte est cultivée par places, mais il paraît que les Indiens ont l'habitude de demeurer à d'assez grandes distances de leurs champs dans des maisons disséminées, peu apparentes. En sorte que ces terres travaillées sont d'abord énigmatiques.

A deux heures, nous passons devant l'île Titicaca. Si les destinées de l'empire des Incas n'avaient pas été interrompues par le fer ou par le feu, cette île serait aujourd'hui comme jadis couverte de temples, et de tous les points de l'horizon, les pèlerins, se succédant sans interruption, viendraient fouler le sol sacré et visiter les autels de cette terre considérée comme le sanctuaire de la nation,

C'est là qu'apparut, à l'origine des temps, le dieu Viracocha, qui organisa sur son passage les éléments célestes et terrestres jetés dans la confusion, créa la race humaine et, ce travail accompli, ayant atteint le pays baigné par la mer, s'avança sur les flots, où il marchait comme sur la terre ferme, puis disparut à l'horizon.

Plus tard, ce fut encore de là que sortirent Manco Capac et sa compagne Mama Occlo (1), qui instruisirent l'humanité sauvage. C'est une mystérieuse apparition historique, mais divinisée par la légende, dont quatre cents ans plus tard, au cours de la conquête espagnole, Garcilaso, le futur historien, alors enfant, entendait le récit de la bouche de sa mère et de ses oncles, personnages apparentés à la famille royale du Cuzco.

Ils assistaient à l'implacable dévastation de leur patrie surprise en pleine prospérité, et cherchaient à fuir l'obsédante vision des malheurs de leur époque en se réfugiant dans l'évocation des âges fortunés :

« Tu sauras, mon fils, que dans les siècles passés toute cette région était couverte de forêts et que les habitants vivaient comme des bêtes fauves, sans villes, sans religion, sans police, sans vêtements. Notre père, le Soleil, voyant les hommes si barbares, leur envoya un de ses fils et une de ses filles pour leur enseigner la religion, leur donner des lois, les initier aux arts utiles et leur apprendre à jouir des biens de la terre... ».

C'était dans cette île que s'élevait le temple du Soleil, desservi ainsi qu'à Rome par des Vestales, les prêtresses du Soleil. Les ruines de ce monument et celles de plusieurs palais se voient encore aujourdhui. Ces restes sont intéressants, mais leur étude n'a presque rien appris, car cette civilisation a été trop rapidement submergée pour que son histoire, en dehors de quelques épaves, débris des époques les plus récentes, arrive jamais à être reconstituée.

C'est dans les eaux qui l'entourent que fut jetée, lors de l'arrivée des Espagnols, la grande chaîne d'or faite par ordre de l'inca Huayna Capac, qui mesurait deux cent trente-trois aunes de long et ne fut jamais repêchée, en dépit de tout ce qui fut tenté.

Sur le soir, nous franchissons le détroit qui divise le lac en deux

(1) Et non *Oello*, ainsi qu'on a pris l'habitude de l'écrire à la suite de la confusion typographique de l's et du c. — Ces sortes d'erreurs sont tellement tenaces que nous n'avons aucune illusion sur le sort réservé à notre tentative de rectification. (Note de M. Louis Bastide).

parties inégales. Nous sommes depuis quelque temps dans les eaux boliviennes. Deux heures plus tard, nous atteignons le petit village douanier de Chililaya, où commence la terre ferme bolivienne.

III

MA PRISE DE POSSESSION DE LA TERRE BOLIVIENNE

Chililaya (1), où nous descendons au matin, se compose d'une

LAMA ET SON CONDUCTEUR

trentaine de maisons. Les environs immédiats n'ont rien qui tente démesurément l'excursionniste. La diligence de La Paz n'arrivant

(1) On sait qu'à la suite de la dernière guerre soutenue par la Bolivie et le Pérou contre le Chili, cette dernière république victorieuse priva la Bolivie du peu de côtes qu'elle possédait sur le Pacifique. Elle perdit ainsi son unique port de Cobija. A la fin de l'année 1895, lors de mon départ de Sucre, la capitale constitutionnelle, où siégeait le congrès, il était grandement question d'un accord au terme duquel le Chili céderait à sa voisine un débouché douanier, un point libre sur le littoral. Cette question est vitale pour la Bolivie, qui est aujourd'hui dans la position géographique de la Suisse mais ne dispose pas des ressources qui font prospérer la Confédération helvétique. Les négociations se poursuivirent dans le courant de 1896 et 1898. Finalement elles échouèrent. Peut-être seront-elles reprises, — pour aboutir, — car il est difficile à la Bolivie de subsister dans les conditions économiques restreintes où elle se trouve en ce moment (1899). Au point de vue des douanes, sa situation est très pénible.

Il résulte de ceci que le petit village de Chililaya est aujourd'hui le seul port de Bolivie. Par exemple, c'est un port tout à fait comparable à celui de Genève ou de Lausanne. Aussi les fonctions de chef de la marine bolivienne seraient-elles aussi fantastiques que celles de l'amiral suisse, exploitées jadis pour l'effet scénique dans je ne me rappelle plus lequel de nos vaudevilles.

que cet après-midi pour partir demain matin, nous avons tout le temps d'épuiser les ressources de l'endroit.

Je lie connaissance avec un des habitants. Ce Bolivien s'est intéressé aux choses de son pays et sa conversation est attachante,

INFIDÈLES ET NÉOPHYTES DE QUILLASEC

bien qu'elle dénote peu de connaissance des notions scientifiques qui font actuellement la base de notre instruction. Et cette lacune donne un tour imprévu à certaines de ses conclusions. — Nous venons à causer de l'aymara, qu'il parle, paraît-il, aussi facilement que le castillan.

« L'aymara, me dit-il, est la langue des Indiens de La Paz et des provinces avoisinantes. Ici, à Chililaya, nous sommes en plein domaine aymara. La quichua (les Espagnols ont bizarrement féminisé le nom de cet idiome), beaucoup plus étendue, règne dans le reste de la Bolivie et dans tout le Pérou. Elle servait aux Incas. L'aymara et la quichua ont une origine commune; il est facile de s'en apercevoir. Mais, à la longue, ils sont devenus très différents, et qui ne connaît que l'un ne comprend absolument rien à l'autre.

« Vous savez sans doute que la civilisation des Incas a succédé à un empire beaucoup plus ancien, dont l'histoire ne dit rien, qui avait son siège à l'endroit ou nous sommes.

« Les ruines classiques de Tiahuanaco, à peu de distance d'ici, que viennent visiter les amateurs d'archéologie et qu'ils admirent, de même que les admirèrent autrefois les Incas lorsqu'ils eurent étendu leur domination jusqu'à ce territoire, sont le vestige le plus remarquable de ce peuple oublié dont on sait simplement qu'il était aymara, parlait aymara.

« Le nom de Tiahuanaco a été l'objet de plusieurs interprétations dont la plus répandue est l'explication légendaire que voici :

« A une époque reculée, un monarque de cette région reçut un jour un message important qui lui était apporté par un courrier, arrivé avec une promptitude extraordinaire : *Tiai, Guanaco!* (Assieds-toi, Guanaco !) (1), dit affectueusement le prince en appliquant à son zélé serviteur le nom du léger animal dont il avait imité la célérité. — Il faut dire que cette étymologie est quichua, et, par ce fait même, elle a des chances d'être inexacte. Ou elle s'appuie sur une simple rencontre de mots, ou le nom de Tiahuanaco serait relativement récent, ce qui est possible après tout. Je vous la cite parce que c'est celle qu'on donne communément.

« La première race qui ait organisé ce qu'on a appelé le Pérou était donc issue des hauts plateaux. L'aymara, plus ancien que la quichua, plus dur aussi en raison de son origine montagnarde, est très proche parent du grec et du sanscrit (oh! oh! voilà qui va mal !). Mais un fait bien plus intéressant vient d'être mis en lumière, il y a quelques années, par le docteur Emeterio Villamil de Rada. Ce savant philologue, dans son livre de *La Lengua de Adan y el hombre de Tiahuanaco*, publié à La Paz en 1888, démontre clairement que l'aymara était la langue du paradis terrestre!!! »

(1) Le guanaco, ruminant sauvage et inoffensif, de la taille d'un daim, très rapide, existe tout le long de la Cordillère.

IV

LA DILIGENCE DE CHILILAYA A LA PAZ.

Il est sept heures du matin. Pas le plus léger flocon pour ternir l'éclat du soleil. Il fait un peu froid, mais c'est presque une façon impropre de s'exprimer : chacun couvert suivant son degré de sensibilité particulière, on n'est plus exposé à éprouver de sensations de froid ni de chaleur. C'est une température presque égale d'un bout de l'année à l'autre. C'est le premier climat du monde, celui où les hommes peuvent vivre très vieux, où les riches Chiliens et Péruviens viennent se guérir de la phtisie, bien que cette mode tende à disparaître depuis une dizaine d'années. L'air, un peu léger pour les poumons du nouveau débarqué, est d'une admirable pureté; si pur que sa transparence permet d'apercevoir avec une singulière netteté des montagnes très distantes dont on se croirait très près, car l'œil n'a pas encore acquis l'habitude de l'optique propre à ces régions élevées. Dans le même ordre de surprises, des individus placés tout au sommet d'une colline font l'effet d'être plus grands que nature. Le regard est désorienté.

La diligence est attelée, une diligence comme il n'en existe plus en France ni en Europe; le véhicule du monde qui personnifie le mieux les idées de départ et de voyage, qui donne le mieux la sensation d'aller de l'avant, pour qui semble avoir été forgée cette expression de « par monts et par vaux »; celui qui, autant que le navire s'éloignant du port, éveille chez le spectateur l'envie folle de s'en aller aussi par le globe voir des choses inconnues, des choses nouvelles. — C'est une vaste voiture de dix-huit places, que huit vigoureuses mules vont tout à l'heure enlever comme une plume et qui, bondissant à la suite de son attelage, sillonnera au milieu d'un nuage la poudreuse pampa, tantôt le long de la route assez indistinctement tracée, tantôt purement et simplement à travers champs, avec la fantaisie d'un jeune cheval galopant pour son plaisir. Cela si rapidement qu'en sept heures elle aura dévoré les 75 kilomètres qui nous séparent de La Paz, laissant encore à la colonie roulante le temps de déjeuner à mi-chemin.

Depuis quelques années, on peut parcourir de la sorte la moitié de la Bolivie, en passant et repassant des hauts plateaux froids et stériles aux campagnes tempérées et verdoyantes.

On s'embarque : des dames, des enfants, des jeunes gens, des messieurs mûrs; un empilement méthodique qui n'en finit plus. Le gros est casé à l'intérieur, mais des voyageurs détachés prennent place à côté du postillon. On en voit enfin tout un rang au-dessus de sa tête, ceux-là dominant la plaine, le regard portant loin, la physionomie grave et hautaine, expression due peut-être à une certaine attention à ne pas tomber, plus spécialement imposée de ce poste surélevé.

Le fouet trace deux ou trois zigzags et le claquement détermine l'ébranlement de la file des mules. Elles sont trop nombreuses pour partir d'un bloc. C'est un mouvement qui se communique de l'une à l'autre avant que la diligence ait bougé d'une ligne. Mais quand l'effort isolé de chaque bête a donné la résultante totale de traction, on voit la grosse voiture s'échapper d'un trait. En deux bonds, le conducteur indien a atteint la machine fuyante,

MARCHANDE DE LA PAZ

où il s'accroche, avec une adresse d'acrobate, à deux courroies suspendues à l'arrière, pendant que les mules, mêlées dans le désordre apparent d'une troupe de chevaux sauvages, font reluire leurs fers au soleil.

Avec deux compagnons, je suis, dans une voiture annexe, le convoi principal.

Le plateau que nous parcourons, — ce toit du Nouveau-Monde, — malgré son peu de fécondité, est une des parties peuplées de la Bolivie. On voit partout des villages, des maisons isolées et des cultures. Cultures modestes, au reste, qui se réduisent à la production de l'orge et de quelques variétés de pommes de terre.

Le Sorata qui nous a accompagnés dans la deuxième partie de notre route, de même que le Misti dans la première, s'efface de plus en plus pour faire place à l'Ilimani, la montagne de La Paz. Tous ces pics célèbres ne répondent par à l'idée qu'on se fait d'eux. Surgissant de la mer, ils écraseraient les Alpes et le Caucase. Diminués du piédestal sur lequel nous sommes juchés, ils ne produisent pas l'effet du Mont-Blanc.

Bientôt nous commençons à rencontrer des files d'Indiens qui, venues de différentes directions, convergent toutes vers le même point. — Un pareil spectacle est partout l'annonce certaine de l'approche d'une ville importante.

En tant qu'animaux, les caravanes sont composées d'ânes et de mules chargés principalement du précieux produit dont le nom nous est aujourd'hui familier, la *coca*. D'autres fois, ce sont des troupeaux exclusivement formés de lamas, bêtes au long cou flexible, au regard fixe, à l'air sot et fier. On ne peut leur imposer qu'une faible charge. Les anciens Péruviens ne connaissaient pas d'autre animal de transport.

Les Indiens, meilleurs marcheurs que les plus infatigables quadrupèdes de la troupe, suivent leurs bêtes à pied.

Vêtus d'un manteau percé d'un trou où l'on passe la tête et dont les plis obliques retombent autour de l'individu à la manière d'un parapluie à demi fermé, les pieds nus ou reposant sur des sandales de cuir, le crâne protégé par une coiffe que recouvre encore le chapeau de feutre rond, ils témoignent, ainsi que d'autres peuples de climats modérément froids, de préoccupations douillettes à l'égard du chef et d'une complète indifférence pour les extrémités. A la ville, ce costume se modifie chez les élus qui remplissent les plus hautes fonctions auxquelles la médiocrité intellectuelle aymara puisse aspirer, celles de domestique de bonne maison, et fait place au pantalon à jupes courtes, à la veste courte et au bonnet des fous de nos anciennes cours, à languettes effilées le long des oreilles, couronnant la face d'un Triboulet couleur de pain d'épice.

Ces anciens seigneurs de la contrée sont résignés, doux à l'état normal, taciturnes, archéologiquement sympathiques, mais réduits par la servitude à une absolue misère pécuniaire et morale. On chercherait vainement à s'expliquer leur dégradation présente que quelques siècles à peine séparent d'un état dont les historiens et les écrivains se sont plu à fixer le souvenir en traits d'or, si on n'avait présent à la mémoire les traitements qu'ils ont subis.

« Ils pénétraient dans les villages et ne laissaient pas un enfant, un vieillard, une femme, qu'ils n'éventrassent comme moutons appartenant à leurs étables. Ils faisaient des paris à qui, d'un coup de coutelas, ouvrirait un homme par le milieu du corps ou lui enlèverait la tête, ou lui découvrirait les entrailles. Ils arrachaient les enfants du sein de leur mère, et, les prenant par les pieds, leur écrasaient la tête contre les rochers. D'autres fois, aux gens qu'ils voulaient mettre à mort, ils coupaient les deux mains et les leur faisant porter suspendues, ils leur disaient : Allez porter ces dépêches ! pour dire : Allez donner des nouvelles à ceux de vos compagnons qui se sont enfuis dans la montagne ! — Ils tuaient communément les nobles de la manière suivante : les attachant sur des grillages tressés avec des baguettes, assujettis à l'aide de fourches, ils les faisaient cuire par-dessous, à feu modéré, au milieu des cris que ces tourments arrachaient aux victimes, jusqu'à ce que, désespérées, elles eussent rendu l'âme.

« J'ai vu toutes les choses que je viens de dire et beaucoup d'autres infinies (1)... »

Ainsi s'exprime l'évêque espagnol Las Casas, racontant la conduite de ses compatriotes dans l'île d'Haïti. Le Pérou fut encore plus mal partagé, s'il était possible, que les Antilles. Il échut au sanguinaire Pizarre, ancien porcher de l'Estrémadure, qui ne savait pas lire ; et, progressivement, les neuf dixièmes de la population furent anéantis. — Dix millions d'hommes au bas mot !

A tous points de vue, le résultat a été acquis, et probablement à titre définitif. Les anciens sujets des Incas, dont le nombre va toujours lentement décroissant depuis la grande extermination, ont tout perdu : patrie, génie, croyances, industrie, jusqu'à leurs traditions qu'ils ont fini par oublier. Pour combler ce vide, ils ont emprunté à leurs vainqueurs leur religion, qu'ils se sont assimilée en l'avilissant et dont l'enseignement leur est distribué par des *padres* ignares, superstitieux, rapaces ; tristes pasteurs de misérables brebis. Voilà toute leur existence intellectuelle. A l'égard matériel, ils occupent mollement quelques heures de la journée dans des travaux qui, quels qu'ils soient, sont exécutés à la façon dont le bœuf trace son sillon, sans que leur cerveau y prenne plus de part que celui du ruminant, et dont les procédés semblent devoir se poursuivre sans amélioration, aussi longtemps que durera leur race.

Même à des Aymaras, une telle vie finirait par peser, s'ils n'avaient un puissant et terrible dérivatif dans l'alcool.

Les classes irlandaises les plus ravagées par les mortelles boissons que notre commerce moderne se plaît à répandre peuvent être assurées qu'ils existe ici des tribus inférieures et amies qui leur serviraient de repoussoir : hommes et femmes s'adonnent à l'ivresse avec un entrain forcené, et le « beau sexe » est celui qui offre les manifestations les plus navrantes du délire dont Noé passe pour l'inventeur. On se grise, bien entendu, en toutes circonstances ; mais les fêtes religieuses, fort nombreuses, — car on est très dévot dans la contrée, — sont considérées comme étant d'orgie obligatoire. Et ces jours-là, dès les premières heures de

(1) *Las Casas*, cité par Cantu. — Traduction de M. Louis Bastide.

l'après-midi, dans les villages, sur la place où le clocher domine les maisons de terre ; dans les villes, sur le pavé de toutes les rues, on voit les dames aymaras, sanglotant, pleurant bruyamment, à la manière des petits enfants, en une plainte indéfiniment prolongée (c'est l'effet que l'alcool produit sur leurs nerfs), tituber avec d'effroyables oscillations, tomber, se casser la figure sur les cailloux, ou écraser, estropier leur progéniture qu'elles portent attachée dans le dos, à la *chiffonnière*.

A une heure et demie, la voiture s'engage dans un petit chemin creux, long de quelques tours de roue seulement, incline à droite : un spectacle extraordinaire se présente à ma vue, aussi inopinément qu'à un rapide lever de rideau sur un décor à sensation :

C'est un cirque immense de montagnes chauves, aux déclivités argileuses et grises, ou rocheuses et rougeâtres, une excavation prodigieuse, aussi étendue, aussi profonde que ces étranges cratères lunaires dont les astronomes tracent la configuration sur les cartes des mondes extra-planétaires et mesurent la coupe pierreuse creusée dans un astre mort. Mais ici la neige qui recouvre l'énorme masse de l'Ilimani, flanqué en contrefort au plateau évidé, indique que cette nature silencieuse est quand même douée de vie, qu'elle n'est pas réduite à son squelette minéral, et que, si l'eau ne la parcourt pas en torrents murmurants et mouvants, elle existe du moins répandue en molécules invisibles dans un espace qui n'est pas le vide, l'éther inanimé..

Le long des pentes de la cuvette, courent des routes et des ravins pleins de sinuosités, repliés sur eux-mêmes, dessinant des 6, des 8, des 0. Au fond, surgissent des arbres, une végétation qui n'est pas jetée en masses moutonnantes dans le désordre et l'abondance d'une production spontanée, mais alignée en minces rideaux, représentée par des individus espacés, rarement groupés en bouquets, accusant le résultat de soins assidus. Derrière et à travers ce voile peu gênant, on aperçoit à vol d'oiseau une ville très compacte dont les toits de tuile rouge, seuls visibles, s'étendent comme une plaine sous le regard plongeant presque à pic : c'est La Paz. (1)

(1) La Paz est la ville la plus considérable et la plus importante de la Bolivie, avec 45.000 habitants environ. Mais la capitale constitutionnelle de la république est Sucre, qui compte seulement 15 ou 16.000 âmes et ne joue qu'un rôle secondaire parce qu'elle est isolée, d'accès difficile ; les routes pour y parvenir faisant défaut. C'est en quelque sorte une cité perdue au fond de l'Amérique du Sud.

Lors de mon séjour en Bolivie, le gouvernement, conformément à ses habitudes et à la latitude que lui accordait la constitution, se transportait d'une ville à une autre où il résidait trois ans, deux ans, moins même, suivant l'opportunité politique dont il était le seul juge autorisé. Sa demeure la plus habituelle était naturellement La Paz. Depuis, — après mon départ, — il fut décidé que le gouvernement se fixerait à Sucre. Cette détermination ne causa rien moins qu'une révolution, laquelle éclata à la fin de l'année dernière (1898), et eut sa conclusion tout dernièrement, dans le cours de la présente année 1899.

Le colonel Pando, que j'ai personnellement connu à La Paz où il me fit cadeau de l'ouvrage relatant son intéressant voyage dans la région de l'Amazone, fut chargé de revendiquer les droits des *Pacenos* (c'est l'adjectif espagnol du nom La Paz : habitants de La Paz). Il fut vainqueur aux environs d'Ouro, où se donna une bataille décisive. Il résulte de ces récents évènements que La Paz, à tous points de vue, — économique, politique etc. — est actuellement à la tête des villes de la Bolivie.

Louis Bastide.

TYPE BOLIVIEN

www.ingramcontent.com/pod-product-compliance
Ingram Content Group UK Ltd.
Pitfield, Milton Keynes, MK11 3LW, UK
UKHW012126240726
13965UKWH00005B/1993